道德经

春秋 老子 原著

线装国学馆编委会 编

全四卷◎第一卷

中国画报出版社
CHINA PICTORIAL PRESS

线装国学馆

线装国学馆

道德经

道德经

线装国学馆

道德经

第二卷

第三十二章

道常无名、朴①。虽小②，天下莫能臣③。侯王若能守之，万物将自宾④。天地相合，以降甘露，民莫之令而自均⑤。

始制有名⑥。名亦既有，夫亦将知止。知止可以不殆。

譬道之在天下，犹川谷之于江海⑦。

【注释】

①道常无名、朴：道永远没有名称，状态质朴。此句句读一说将『朴』字与下文『虽小』连在一起。

②虽小：一作『唯妻』。小，细小，形容道无处不有。

③天下莫能臣：一作『天下莫能臣也』。臣，臣服。

④宾：服从。

⑤自均：自然均匀。

⑥始制有名：万物开始兴起，产生名称。制，作，指兴起；一说制度，指法制。

⑦譬道之在天下，犹川谷之于江海：为『道之在天下，譬犹川谷之于江海』倒置。川谷，河流。

【译文】

道永远没有名称，状态质朴。它虽然细小，天下没有谁能使它臣服。侯、王如果能守住它，万物将会自然地服从。天地互相交合，就降下甘露；百姓不用指使它，它就会自然均匀。

万物开始兴起，产生名称。既然名称也有了，也将知道适可而止。知道适可而止，就可以没有危险。

道存在于天下，就像河流对于江海一样。

【解读】

本章继续阐释道的特征。

道无名而质朴。王侯守住它，百姓就会各居其位、安居乐业。道的作用是均等的，不用人为，就像雨水滋润大地一样。道的存在，使万物兴起，各有名分，从而产生秩序及制度规范，人们就『知止』，即知道处身行事的界限。

第三十三章

知人者智，自知者明。胜人者有力，自胜者强①。知足者富。强行②者有志。不失其所③者久。死而不亡④者寿。

【注释】

①强：强盛。

②强行：指努力奋斗。

③所：处所，指根基，一说指本分。

④不亡：指道没有消失。

【译文】

认识别人的是智慧，认识自己的是聪明。战胜别人的是有力，战胜自己的是强盛。知道满足的是富有。努力奋斗的是有志。不丢失根基的是长久。身死而道没有消失的是长寿。

【解读】

本章阐释自我修养。

在老子看来，一个人既要做到『知人』，还要做到『自知』；一个人既要做到『胜人』，还要做到『自胜』。除此之外，还要做到『知足』『强行』『不失其所』『死而不亡』。

第三十四章

大道泛兮①，其可左右②。万物恃之以生而不辞③，功成而不有④。衣养⑤万物而不为主，常无欲⑥，可名于小⑦；万物归焉而不为主，可名为大⑧。以其终不自为大，故能成其大。

【注释】

①泛：水从干流流出，又流回干流。指广泛流行。

②左右：左边、右边，指到处。

③辞：拒绝。一说称说。

④有：指自以为有。

⑤衣养：养育。衣，保护。一作『衣被』。

⑥常无欲：永远没有欲望。有版本无此三字。

⑦名于小：称它为渺小。

⑧大：伟大。

【译文】

大道广泛流行，能无处不到。万物依赖它生长而不拒绝，功业完成而不自以为有功业。它养育万物而不自以为主宰，永远没有欲望，可以称它为渺小；万物归附而不自以为主宰，可以称它为伟大。因为它终归不自以为伟大，所以能成就它的伟大。

【解读】

本章阐释道的作用。

道生养万物，却不主宰万物，这就是顺其自然。只有顺其自然，才能成就伟大。

第三十五章

执大象①，天下往。往而不害，安平太②。乐与饵③，过客止。道之出口④，淡乎其无味，视之不足见，听之不足闻，用之不足既⑤。

【注释】

①大象：指道。

②安平太：于是平和安宁。安，乃，于是。太，同『泰』。

③乐与饵：音乐和美食。

④出口：说出来，指用言语描述。

⑤不足既：不能完结，指用不完。既，尽。一作『不可既』。

【译文】

谁掌握道，天下的人就归附他。归附他而不互相妨害，于是天下的人就平和安宁。

音乐和美食，使过路的人停下来。道用言语描述，是平淡得没有味道，看它看不见，听它听不到，用它用不完。

【解读】

本章继续阐释道的特征和作用。

老子用『乐与饵』为喻，说明道无味、无象、无声、无尽。掌握道的人，可以使天下人归附。这是道对于统治者的作用。有人据此认为『乐与饵』比喻流行其时的仁义礼法之治。老子对这种方式持反对的观点，治理国家应该回到无味、无象、无声、无尽的道。

第三十六章

将欲歙①之，必固②张之；将欲弱之，必固强之；将欲废③之，必固举④之；将欲取⑤之，必固与之。是谓微明⑥。

柔弱胜刚强。鱼不可脱于渊，国之利器⑦不可以示⑧人。

【注释】

①歙：收敛。

②固：一定。一说暂且。

③废：一作『去』。

④举：一作『兴』，一作『与』。

⑤取：一作『夺』。

⑥微明：虽幽微而显明，指微妙的先兆。

⑦利器：一说权柄军力，一说权术，一说赏罚，一说仁义智巧。今从前说。

⑧示：指炫耀。

【译文】

想要收敛它，一定扩张它；想要削弱它，一定加强它；想要废除它，一定抬举它；想要夺取它，一定给予它。这就是微妙的先兆。

柔弱战胜刚强。鱼的生存不能脱离水，国家的权柄军力不可以向人炫耀。

【解读】

本章阐释事物矛盾转化的辩证关系。

『歙』与『张』、『弱』与『强』、『废』与『举』、『取』与『与』，是物极必反的表现，即『微明』。根据这种表现，就能抓住事物的规律。正因为物极必反，所以要保持内敛。如果张扬于外，必定会遭致失败。所以，才会出现柔弱战胜刚强，鱼离开水就死，炫耀权柄军力就会引来攻击。

有人认为本章阐释用兵的道理，亦通。

第三十七章

道常无为而无不为[1]。侯王若能守之，万物将自化[2]。化而欲[3]作，吾将镇[4]之以无名之朴。无名之朴[5]，夫亦将不欲[6]。不欲以静，天下将自正[7]。

【注释】

①无为而无不为：顺其自然，而且没有一件事能不起作用。道自然，故无为；道生成一切，故无不为。一作『恒无为』，一作『恒无名』。

②自化：自己变化，指按照规律自己变化。

③欲：贪欲。

④镇：安定。一作『贞』。

⑤无名之朴：有版本无此四字。

⑥不欲：一作『无欲』，一作『知足』。

⑦自正：自己得到治理。正，整治。一作『自定』。

【译文】

道永远顺其自然，而且没有一件事能不起作用。侯、王如果能保持道，万事万物就会按照规律自己变化。变化而贪欲出现，我将用没有名称的质朴使它安定。使用没有名称的质朴，也就没有贪欲。没有贪欲而清静，天下将会自己得到治理。

【解读】

本章阐释道应用于治理天下，也是对前文的总结。

道『无为无不为』，及应用道就会使天下得到治理，在前文已多次论及。本章再次明确提出，如果应用于治理天下，万事万物就会『自化』，人就会『不欲』，天下就『自正』。

第三十八章

上德①不德②，是以有德。下德③不失德④，是以无德⑤。

上德无为而无以为⑥，下德无为而有以为。上仁为之而无以为。上义为之而有以为。⑦上礼为之而莫之应，则攘臂而扔之⑧。

故失道而后德，失德而后仁，失仁而后义，失义而后礼⑨。

夫礼者，忠信之薄⑩而乱之首⑪。前识者⑫，道之华⑬而愚之始。是以大丈夫处其厚⑭，不居其薄；处其实⑮，不居其华。故去彼取此⑯。

【注释】

①上德：至德，最高的德。指上德的人。

②不德：不表现为形式上的德。一作不自恃有德。

③下德：下等的德。指下德的人。

④德：指形式上的德，与前文呼应。

⑤无德：无法达到德的境界，或无法体现真正的德。

⑥无以为：不有意作为。以，心，有意。

⑦『上德』『下德』『上仁』『上义』四句，各版本多有差异。

⑧攘臂而扔之：伸出手臂强使人们服从。扔，引，强使。

⑨此四句解释，一作『失道而后失德，失德而后失仁，失仁而后失义，失义而后失礼』。

⑩薄：不足。

⑪首：开始。

⑫前识者：预设礼的规范。一作先见者。

⑬华：虚华。

⑭处其厚：处身于厚，指立身敦厚。厚，敦厚。

⑮处其实：处身于实，指行事朴实。实，朴实、笃实。

⑯去彼取此：抛弃浅薄浮华，保持敦厚朴实。彼，指薄、华。此，指厚、实。

【译文】

上德的人不表现为形式上的德，因此拥有德。下德的人不丢弃形式上的德，因此无法达到德的境界。

上德的人顺其自然，不有意作为；下德的人顺其自然，有意作为。上仁的人作为，却不是有意作为。上义的人作为，是有意作为。上礼的人作为，却没有回应，于是伸出手臂强使人们服从。

因此，失去道而后才有形式上的德，失去形式上的德而后才有仁，失去仁而后才有义，失去义而后才有礼。

礼这个东西，说明忠信不足，而且是祸乱

的开始。预设礼的规范，是道的虚华和愚昧的开始。所以大丈夫立身敦厚，不居于浅薄；行事朴实，不居于虚华。所以抛弃浅薄浮华，保持敦厚朴实。

【解读】

本章提出有关德的观点，并区分道、德、仁、义、礼。

老子通过『上德』『下德』的区分，说明德是道的具体表现。大行其时的仁、义、礼，则处于德之下。这是对儒家的批评。尤其是礼，在老子看来，是忠信不足的表现，更是祸乱的开端，批评的意图极为明显。

第三十九章

昔之得一①者：天得一以清，地得一以宁，神得一以灵，谷得一以盈，万物得一以生②，侯王得一以为天下正③。

其致之也④，谓⑤天无以清将恐裂，地无以宁将恐废⑥，神无以灵将恐歇⑦，谷⑧无以盈将恐竭，万物无以生将恐灭，侯王无以正⑨将恐蹶⑩。

故贵以贱为本，高以下为基。是以侯王自称⑪孤、寡、不谷⑫。此非以贱为本邪非乎？故至誉无誉⑬。是故⑭不欲琭琭⑮如玉，珞珞⑯如石。

【注释】

①一：指道。

②万物得一以生：有版本无此句。

③正：一作『贞』。

④其致之也：推而言之。有版本无『也』字。

⑤谓：认为。有版本无此字，有版本作『胃』。

⑥废：荒废。一作『发』。

⑦歇：消失。

⑧谷：河谷。

⑨正：一作『贵高』，一作『贞』。

⑩蹶：失败。

⑪称：一作『谓』。

⑫不谷：不善，古代王侯自称的谦辞。

⑬至誉无誉：最高的声誉无须赞美。一作『致数舆无舆』，一作『致数车无车』。

⑭是故：有版本无此二字。

⑮琭琭：稀少珍贵的样子。

⑯珞珞：坚硬的样子。

【译文】

过去得到道的：天得到道就清明，地得到道就宁静，神得到道就有灵性，河谷得到道就充盈，万物得到道就生长，侯、王得到道就用它治理天下。

推而言之，我认为天无法清明，恐怕要崩裂；地无法安宁，恐怕要荒废；神无法保持灵性，恐怕要消失；河谷无法充盈，恐怕要干涸；万物无法生长，恐怕要消灭；侯、王无法治理天下，恐怕要失败。

因此，贵把贱作为根本，高把下作为基础。所以侯、王自称为『孤』『寡』『不谷』。这不就是把贱作为根本吗？不是吗？因此，最高的荣誉无须赞美。所以不愿像玉一样稀少珍贵，宁愿像石头一样坚硬。

【解读】

本章阐释道的作用。

万事万物得到道就能生存，否则就会灭绝，连神也如此。这与『道生万物』相呼应。对于统治者而言，要遵循道，即以『贱』『下』为根基，不要『琭琭如玉』，而要『珞珞如石』，否则就会失去天下。

第四十章

反[1]者道之动，弱[2]者道之用。

天下万物生于有[3]，有生于无[4]。

【注释】

①反：反复，指循环往复。一说相反。

②弱：柔弱。

③有：指道的有形质或实存性。

④无：指道的无形质。有版本无此字。

【译文】

循环往复是道的运动，柔弱是道的作用。

天下的万物产生于道的有形质，道的有形质产生于道的无形质。

【解读】

本章阐释道、道与万物的运动变化法则。

需要注意的是，『万物生于有，有生于无』并非将『有』『无』的重要性区分。『有』『无』都是道的属性，并无高下之分。『有生于无』说明，道生万物时，是从无形质向有形质运动的过程。

第四十一章

上士①闻道，勤而行之；中士闻道，若存若亡②；下士闻道，大笑之。不笑不足以为道。故建言③有之：

明道若昧，进道若退，夷道若颣④。上德若谷，大白若辱⑤，广德若不足，建德若偷⑥，质真若渝⑦。大方无隅⑧，大器晚成，大音希声，大象无形。

道隐无名。夫唯道善贷且成⑨。

【注释】

①上士：上等德行的人。

②若存若亡：有时候践行，有时候遗忘。一说半信半疑。

③建言：提出建议。

④夷道若颣：平坦的道好像崎岖一样。夷，平坦。颣，疙瘩，指崎岖。

⑤大白若辱：最纯洁的好像污浊一样。辱，黑，污浊。有版本将此四字置于下文『大方无隅』前。

⑥建德若偷：刚健的德好像懈怠一样。建，同『健』。偷，惰，懈怠。一说此四字意为建立德行好像偷盗一样。

⑦质真若渝：质朴而纯真好像浑浊一样。渝，变污；一说变，指随物而变。

⑧大方无隅：最方正的没有棱角。隅，角落。

⑨善贷且成：善于辅助万物并且使它完成。贷，给予。一作『善始且善成』。

【译文】

上等德行的人听了道，努力去践行；中等德行的人听了道，有时候践行，有时候遗忘；下等德行的人听了道，哈哈大笑。不被嘲笑，那就不足以成为道。因此，有人提出这样的建议：

光明的道好像昏暗一样，前进的道好像后退一样，平坦的道好像崎岖一样。最高的德好像河谷一样，最纯洁的好像污浊一样，广大的德好像不足一样，刚健的德好像懈怠一样，质朴纯真好像浑浊一样。最方正的没有棱角，最贵重的器物往往最后完成，最美的音乐没有声音，最大的形象没有形迹。

道幽隐，没有名称。只有道善于辅助万物并且使它完成。

【解读】

本章继续阐释道的特征。

老子从『上士』『中士』『下士』对待道的不同态度，引出道的特征，并加以总结：幽隐无名，善贷且成。

第四十二章

道生一①，一生二②，二生三③，三生万物。万物负阴而抱阳④，冲气以为和⑤。

人之所恶，唯孤、寡、不谷，而王公以为称。故物或损之而益，或益之而损。人之所教，我亦教之。强梁⑥者不得其死，吾将以为教父⑦。

【注释】

①一：独立无偶的统一体。指道。

②二：指天、地。

③三：指阴阳之气。历来各家对『一』『二』『三』的解释多有差异，此处只选择一种。

④负阴而抱阳：背阴而向阳。

⑤冲气以为和：阴气、阳气互相激荡，形成和谐。冲，激荡。

⑥强梁：强横凶暴。

⑦教父：即教之父，施教的根本。此段与上一段无关联，或是衍文。

【译文】

道是独立无偶的统一体，从统一体中产生天与地，从天与地之中产生阴阳之气，从阴阳之气中产生万物。万物背阴而向阳，阴气、阳气互相激荡，形成和谐。

人们厌恶的，就是孤、寡、不谷，但王公却用它们称呼自己。因此，事物有时减损它却使它增加，有时增加它却使它减损。别人这样教导我，我也这样教导别人。强横凶暴的人不得好死，我把它当作施教的根本。

【解读】

本章重点阐释宇宙生成论。

老子从『一』出发，描述了『道生万物』的过程。尽管各家对『一』『二』『三』解释各异，但并不妨碍我们理解老子的观点。

道德经

第四十三章

天下之至柔，驰骋[1]天下之至坚。无有入无间[2]。吾是以知无为之有益。不言之教，无为之益，天下希[3]及之。

【注释】

①驰骋：骑马奔跑，指驾驭。

②无有入无间：不见形象的东西穿透没有间隙的东西。

③希：一作『稀』。

【译文】

天下最柔弱的东西，驾驭天下最坚硬的东西。不见形象的东西穿透没有间隙的东西。我因此懂得无为具有的益处。不发布命令的教导，无为的益处，天下很少有能做到的。

【解读】

本章讲述柔弱的作用、无为的益处、不言的教导。

第四十四章

名与身①孰亲？身与货孰多②？得与亡孰病③？

甚爱必大费④，多藏必厚亡⑤。

故⑥知足不辱，知止不殆，可以长久。

【注释】

①身：身体，指生命。

②多：贵重。

③病：有害。

④甚爱必大费：过于喜爱名利必定付出大的代价。爱，指爱名利。费，耗费，指代价。有版本在此句开头有『是故』二字。

⑤多藏必厚亡：丰厚的储藏就必定带来惨重的损失。厚，指惨重。

⑥故：有版本无此字。

【译文】

名利与生命哪一个亲切？生命和财物哪一个贵重？得到与失去哪一个有害？

过于喜爱名利必定要付出大的代价，丰厚的储藏必定带来惨重的损失。

因此，知道满足就不会受屈辱，知道停止就不会有危险，这样才可以保持长久。

【解读】

本章阐释对待名利的态度。

名利与生命比较起来，不值得人们奋不顾身地追求。因为过于追求名利，不仅带来损失，还伤害生命。

第四十五章

大成①若缺，其用不弊②。大盈③若冲④，其用不穷。

大直若屈⑤，大巧若拙，大辩若讷⑥。

躁胜寒，静胜热⑦。清静为天下正⑧。

【注释】

①大成：完备。

②弊：衰败。

③大盈：完满。

④冲：空虚。

⑤屈：曲。

⑥大辩若讷：有版本无此四字。大辩，能言善辩。

⑦躁胜寒，静胜热：疾动克服寒冷，清净克服炎热。

⑧正：治理。一说模范。

【译文】

完备好像缺失一样，它的作用不衰败。完满好像空虚一样，但它的作用不会穷尽。最正直好像弯曲一样，最灵巧好像笨拙一样，能言善辩好像木讷一样。

疾动克服寒冷，清净克服炎热。清静才能使天下得到治理。

【解读】

本章重点阐释完美人格的具体表现。

『若缺』『若冲』『若屈』『若拙』『若讷』都是完美人格的具体表现。这些表现有一个共同的特点，即内敛。

第四十六章

天下有道①，却走马以粪②；天下无道，戎马生于郊③。咎莫大于欲得，祸莫大于不知足④。故知足之足，常足矣⑤。

【注释】

①天下有道：治理天下合乎道，指政治清明、百姓安居乐业。一说天下上轨道。

②却走马以粪：把战马还给农民种田。却，退还。走马，善于奔跑的马，指战马。粪，耕种；一作『播』，同；一说施肥。

③戎马生于郊：战马出现在郊外。一说母马在郊外生育小马。戎马，战马。

④咎莫大于欲得，祸莫大于不知足：一作『祸莫大于不知足，咎莫大于欲得』。

⑤故知足之足，常足矣：知道满足的满足，是永远满足的。

【译文】

治理天下合乎道，把战马还给农民种田；治理天下不合乎道，战马出现在郊外（即将征战）。

罪过没有比贪图得到更大的了，祸害没有比不知道满足更大的了。因此，知道满足的满足，永远是满足的。

【解读】

本章阐释战争的起因在于不知足的观点。这反映了老子反战的思想。

统治者贪欲强烈，不知满足，就会无道，从而导致战争。解决的办法就是『知足』。知道满足，就不会『欲得』，也就不会有战争了。

第四十七章

不出户，知天下；不窥牖①，见天道②。其出弥远，其知弥少。是以圣人不行而知，不见而明③，不为④而成。

【注释】

①窥牖：从窗户往外看。牖，窗户。

②天道：自然界的运行规律。

③明：一作『名』。

④不为：即无为。

【译文】

不出门户，就能够懂得天下的事理；不从窗户往外看，就能懂得自然界的运行规律。向外走得越远，懂得的就越少。所以，有道的人不出行就能懂得事理，不察看就能明白规律，无为就能成功。

【解读】

本章阐释如何认识世界。

在老子看来，『出户』『窥牖』这种亲身体验、亲眼目睹的方式，并不靠得住。所以认识世界，只能靠清净的心灵内省才能达成。有人认为这是唯心论、先验论，有人认为这是夸大理性的作用。

第四十八章

为学日益①，为道日损②。损之又损，以至于无为。无为而无不为③。取④天下常以无事⑤，及其有事，不足以取天下。

【注释】

①为学日益：求学一天比一天增加（知识见解）。

②为道日损：求道一天比一天减少（欲望机谋）。

③无为而无不为：做到无为，就没有什么事情做不成。

④取：治理。

⑤事：指侵扰民众之事。

【译文】

求学一天比一天增加知识见解，求道一天比一天减少欲望机谋。减少又减少，一直达到无为的境地。做到无为，就没有什么事情做不成。治理天下要永远没有侵扰民众的事，等到出现侵扰民众的事，就不配治理天下了。

【解读】

本章阐释『为学』与『为道』的区别。

『为学』，追求的是外在的知识。『为道』，追求的是内心的清净，使人返璞归真，做到无为。做到无为，天下就能得到治理。

第四十九章

圣人常无心①，以百姓心为心。

善者，吾善之；不善者，吾亦善之，德善②。信者，吾信之；不信者，吾亦信之，德信。

圣人在天下，歙歙焉③，为天下浑其心④。百姓皆注其耳目⑤，圣人皆孩之⑥。

【注释】

①常无心：永远没有私心。一作『无常心』。

②德善：使人得到善良。德，同『得』。

③歙歙焉：无所偏执。一说收敛自己的意志。有版本无『焉』字。

④浑其心：使人们的心思淳朴。

⑤注其耳目：注目而视，倾耳而听。指使用自己的智谋，生出事端。

⑥孩之：一说像孩童一样看待他们，一说使他们像孩童一样（纯朴）。今从前说。

【译文】

有道的人永远没有私心，把百姓的心思当作自己的心思。

善良的人，我善待他；不善良的人，我也善待他，这样就使人得到善良。守信的人，我信任他；不守信的人，我也信任他，这样可以使人守信。

有道的人治理天下，无所偏执，使天下人的心思淳朴。百姓都注目而视、倾耳而听，有道的人像孩童一样看待他们。

道德经

【解读】

本章阐释老子心目中理想执政者的形象。

理想执政者，即『圣人』，没有自己的私心，把百姓的心思当作自己的心思；像孩童一样纯朴地对待百姓，使他们善良、诚信、淳朴。这都是不表现自己的私欲，无所偏执。

第五十章

出生入死①。生之徒②，十有三③；死之徒④，十有三；人之生生⑤，动之死地⑥，亦十有三。夫何故？以其生生之厚⑦。

盖闻善摄生⑧者，陆行不遇兕⑨虎，入军不被甲兵⑩；兕无所投⑪其角，虎无所措其爪，兵无所容其刃。夫何故？以其无死地。

【注释】

①出生入死：出世为生，入地为死。一说离开生路就走进死路。

②生之徒：长命的人。徒，同类的人。

③十有三：十分之三。

④死之徒：短命的人。

⑤生生：过分地保养生命。第一个『生』为动词，第二个『生』为名词。一作『生』。

⑥动之死地：妄为而走向绝境。动，妄为。

⑦厚：过度。

⑧摄生：保养生命，即养生。摄，保养。

⑨兕：犀牛。

⑩入军不被甲兵：在战争中不被穿盔甲的士兵杀伤。

⑪投：用。下文『措』『容』，意均同。

【译文】

人出世为生，入地为死。长命的人，有十分之三；短命的人，有十分之三；人过分地保养生命，妄为而走向绝境的，也有十分之三。为什么呢？因为保养生命过度了。

听说善于保养生命的人，在陆地上行走，不会遇到犀牛、老虎，在战争中不被穿盔甲的士兵杀伤；犀牛用不上它的角，老虎用不上它的爪，兵器用不上它的刃。为什么呢？因为还没有达到绝境。

【解读】

本章阐释两种对待生命的方法。

一种是『生生之厚』，即过分地保养生命；一种是避开『死地』，即通过避免猛兽、避免战争而避开危险的境地。这与清净无为、纯朴自然、少私寡欲的思想是一致的。

第五十一章

道生之①，德畜之，物形之②，势③成之。是以万物莫不尊道而贵德。

道之尊，德之贵，夫莫之命而常自然④。故道生之，德畜之。长之育之，亭之毒之⑤，养之覆⑥之。

生而不有，为而不恃，长而不宰，是谓玄德⑦。

【注释】

①之：指万物。

②物形之：万物形成各自的本性。

③势：指自然环境。一说自然力量，一说对立。一作『器』。

④莫之命而常自然：没有干涉，永远任万物顺其自然。

⑤亭之毒之：使万物安定。亭、毒，安、定，一作成、熟。一作『成之熟之』。

⑥覆：保护。

⑦此四句见于第十一章。

【译文】

道生成万事万物，德养育万物，万物形成各自的本性，自然环境使万物成长。所以万物没有不尊崇道而重视德的。

道被尊崇，德被重视，在于没有干涉，永远任万物顺其自然。因此，道生成万物，德养育万物。使万物生长发展，使万物安定，使万物得到抚养、保护。

生成万物而不占有，抚育万物而不自恃有功，发展万物而不主宰，这就是精微玄妙的德。

【解读】

本章阐释道、德的作用。

道生成万物，德养育万物，但道与德并没有目的性、占有欲，不干涉万物的生长繁衍，放任它们自然地发展。

第五十二章

天下有始①，以为天下母②。既得其母，以知其子③；既知其子，复守其母，没身不殆④。塞其兑⑤，闭其门⑥，终身不勤⑦。开其兑，济其事⑧，终身不救。小⑨曰明，守柔曰强。用其光⑩，复归其明，无遗身殃⑪，是为袭常⑫。

【注释】

①始：本初，指道。

②母：根源，指道。

③子：后代，指万物。

④没身不殆：此句见于第十六章。

⑤兑：口，指产生欲念之处。

⑥门：门径，指实现欲念的途径。

⑦勤：劳作，指烦扰。

⑧济其事：增加纷杂的事件。济，增加。

⑨小：指细微的东西。

⑩用其光，复归其明：运用智慧的光，回照本体的明。通常认为，『光』为本体向外照物之光，『明』为发光的本体。

⑪无遗身殃：不给自己带来灾祸。遗，留，指带来。

⑫袭常：继承永恒的道。常，常道。

【译文】

天地万物都有本初，它是天地万物的根源。已经得知根源，就能认识万物；已经认识万物，又保持万物的根本，终身没有危险。堵塞产生欲念之处，关闭实现欲念的途径，终身不会烦扰。打开产生欲念之处，增加纷杂的事件，终身不能救治。察见细微的叫作明，保持柔弱的叫作强。运用智慧的光，回照本体的明，不给自己带来灾祸，这叫作继承永恒的道。

【解读】

本章阐释认识世界的方法。

天地万物都有根源，应该从万物中追求它。在追求它时，不要因为向外而被欲念左右，否则就会沉沦，『终身不救』。在向外认识世界时，要运用智慧之光，同时去除欲念，保持内心的清净明澈，才不会给自己带来灾祸。这才是永恒的道。

第五十三章

使我①介然②有知，行于大道③，唯施是畏④。

大道甚夷，而人⑤好径⑥。朝甚除⑦，田甚芜，仓甚虚；服文彩，带利剑，厌饮食⑧，财货有余，是谓盗夸⑨。非道也哉！

【注释】

①我：一说有道的统治者，一说老子自称。

②介然：微小的样子。介，同「芥」，细微。

③大道：大路。

④唯施是畏：唯恐害怕走上斜路。施，斜。

⑤人：指人君，即君王。一作「民」。

⑥径：指斜径。

⑦朝甚除：朝政非常败坏。除，废。一说宫殿很整洁。除，整洁。

⑧厌饮食：饱得不想再吃。厌，满足。

⑨盗夸：盗魁。一作「盗竽」。

【译文】

假如我稍微有认识，在大路上行走，就唯恐害怕走上斜路。

大道非常平坦，但君王却喜欢走斜径。朝政非常败坏，田地非常荒芜，仓库非常空虚；君王穿着华美的衣服，佩带锋利的宝剑，饱得不想再吃，财物有剩余，这就叫作强盗首领。这不是道啊！

【解读】

本章阐释「盗夸」，即无道统治者。

无道的统治者凭借暴政和武力，恣意横行，榨取百姓，搜刮财物，过着锦衣玉食的生活。虽然田地荒芜，仓库空虚，但他们根本无视，依然我行我素。因此，老子用「盗夸」一词来形容他们。

第五十四章

善建[1]者不拔，善抱[2]者不脱，子孙以祭祀不辍。

修之于身，其德乃真；修之于家，其德乃余；修之于乡，其德乃长[3]；修之于邦[4]，其德乃丰；修之于天下，其德乃普。故以身观身[5]，以家观家，以乡观乡，以邦观邦，以天下观天下。吾何以知天下然哉？以此。

【注释】

①建：建立，指建立德。

②抱：保持，指保持德。

③长：高大，指尊崇。

④邦：一作『国』。

⑤以身观身：从自身察看他人。

【译文】

善于建立德的不会被拔除，善于保持德的不会脱开，子孙遵循这个道理，因此祭祀不会断绝。

用这个道理修养自身，他的德就是真实的；用这个道理治理家庭，他的德就有剩余；用这个道理治理家乡，他的德就会受到尊崇；用这个道理治理国家，他的德就会丰盛；用这个道理治理天下，他的德就会遍及天下。因此，从自身察看他人，从自家察看他家，从自乡察看他乡，从自己的国家察看他国，从自己的天下察看他人的天下。我怎么知道天下的情况这样呢？就是用这个道理。

【解读】

本章阐释德的作用。

德用于『修身』『修家』『修乡』『修邦』『修天下』，都可以做到游刃有余。这也是认识天下的方法。

儒家讲『修身、齐家、治国、平天下』，与老子的观点有明显的差异。

第五十五章

含德之厚，比于赤子①。蜂虿虺蛇②不螫，攫鸟猛兽不搏③。骨弱筋柔而握固。未知牝牡之合④而朘作⑤，精之至也⑥。终日号而不嗄⑦，和之至也⑧。

知和曰常，知常曰明⑨。益生曰祥⑩。心使气曰强⑪。物壮⑫则老，谓之不道，不道早已。

【注释】

①赤子：刚出生的婴儿。

②蜂虿虺蛇：蜂蝎毒蛇。虿，蝎子。虺，毒蛇。一作『毒虫』。

③攫鸟猛兽不搏：一作『猛兽不据，攫鸟不搏』。攫鸟，指凶猛的鸟。搏，扑上去抓，指攻击。

④牝牡之合：男女交合。牝，雌性。牡，雄性。

⑤朘作：生殖器举起。朘，男孩的生殖器。一作『峻』，一作『全』。

⑥精之至也：精气充沛到极点。

⑦嗄：嗓音嘶哑。

⑧和之至也：阴阳调和到极点。和，调和，指阴阳调和。此句意思一说元气淳和。

⑨知和曰常，知常曰明：一作『和曰【上同下示】，知和曰明』。常，指事物运行的规律。

⑩益生曰祥：纵欲叫作灾祸。益生，有益于生命，指纵欲。

⑪心使气曰强：心驾驭气叫作逞强。强，逞强。

⑫壮：壮盛。

【译文】

德之深厚的人，像刚出生的婴儿一样。蜂蝎毒蛇不叮咬他，凶鸟猛兽不攻击他。骨薄弱、筋柔软，但拳头握得牢固。不知道男女交合，但生殖器举起，是因为精气充沛到极点的缘故。整天号哭，但嗓音不嘶哑，是因为阴阳调和到极点的缘故。

认识调和叫作常，认识常叫作明。纵欲叫作灾祸。心驾驭气叫作逞强。事物壮盛就会衰老，这就叫作不合于道，不合于道很快就会死亡。

【解读】

本章阐释德修养深厚的人的表现。

德修养深厚，就会像婴儿一样，达到『精之至』『和之至』的状态。这是合于道的情形。如果不合于道，纵欲逞强，就会遭殃、衰败。

第五十六章

知者不言，言者不知①。

塞其兑，闭其门②，挫其锐，解其纷，和其光，同其尘③，是谓玄同④。故不可得而亲，不可得而疏⑤；不可得而利，不可得而害；不可得而贵，不可得而贱。故为天下贵。

【注释】

①知者不言，言者不知：有智慧的人不多言说，多言说的人没有智慧。一作『智之者弗言，言之者弗智』。

②塞其兑，闭其门：见于第五十二章。

③和其光，同其尘：平和光彩，混同尘世。

④玄同：玄妙齐同。指道。

⑤不可得而亲，不可得而疏：不能使他亲近，不能使他疏远。

【译文】

有智慧的人不多言说，多言说的人没有智慧。

堵塞产生欲念之处，关闭实现欲念的途径，摧折锋芒，解除纷扰，平和光彩，混同尘世，这就是玄妙齐同。因此，不能使他亲近，不能使他疏远；不能使他得利，不能使他受害；不能使他尊贵，不能使他下贱。因此被天下尊重。

【解读】

本章阐释玄同。

『塞兑』『闭门』『挫锐』『解纷』『和光』『同尘』，就能达到玄同。达到玄同，就可以不分亲疏、利害、贵贱。这是一种开阔豁达的心境，没有封闭，没有褊狭，故而能获得尊重。

第五十七章

以正①治国，以奇②用兵，以无事③取天下。

吾何以知其然哉？以此④：

天下多忌讳，而民弥贫⑤；民⑥多利器⑦，国家滋昏⑧；人多伎巧⑨，奇物⑩滋起；法令滋彰⑪，盗贼多有。

故圣人云：「我无为而民自化，我好静而民自正，我无事而民自富，我无欲而民自朴。」

【注释】

①正：指清静无为。

②奇：奇巧。一作「畸」。

③事：指扰攘之事。

④以此：有版本无此二字。

⑤天下多忌讳，而民弥贫：一作「天多忌讳，而民弥畔」。

⑥民：一作「人」，一作「朝」。

⑦利器：锐利的武器。一说权谋。

⑧滋昏：陷入混乱。滋，产生。

⑨伎巧：机诈。伎，一作「技」，一作「智」。

⑩奇物：邪事。

⑪法令滋彰：法律政令严明。

【译文】

用清静无为治理国家，用奇巧用兵，用没有扰攘之事治理天下。我怎么知道这样呢？根据以下这些：

天下的禁忌越多，百姓就越贫穷；百姓的锐利武器越多，国家就越陷于混乱；人们的机诈越多，邪事就接连出现；法律政令严明，盗贼就增加。

因此，有道的人说：「我无为，百姓就自我教化；我喜欢清净，百姓就自然安定；我没有扰攘的事，百姓就自然富足；我没有贪欲，百姓就自然淳朴。」

【解读】

本章阐释治国方案。

老子提出，「正」「无为」「好静」「无事」「无欲」可以使百姓安定、天下得到治理。这与其「无为而治」的思想是一以贯之的。

本章提出的「以奇用兵」，反映了老子在军事方面的主张。

第五十八章

其政闷闷①，其民淳淳②；其政察察③，其民缺缺④。

祸兮，福之所倚；福兮，祸之所伏。孰知其极⑤？其无正也⑥。正复为奇⑦，善复为妖⑧。人之迷⑨，其日固久。

是以圣人方而不割⑩，廉而不刿⑪，直而不肆⑫，光而不耀⑬。

【注释】

①闷闷：此处指宽厚。

②淳淳：敦厚。一作『屯屯』。

③察察：此处指严厉。

④缺缺：狡诈。

⑤极：准则。指祸福转化的准则。

⑥其无正也：它没有确定不变。正，不变。有版本无『也』字。

⑦奇：邪。

⑧妖：恶。

⑨迷：指迷惑于祸福、正邪、善恶的转化。

⑩方而不割：有立场却不孤立。方，集合体，指立场。周易·系辞上：『方以类聚，物以群分，吉凶生矣。』割，割裂。一说此句意思为方正而不割伤人。

⑪廉而不刿：有棱角却不伤害人。廉，棱角，一说锐利。刿，割开。

⑫直而不肆：直率却不放肆。

⑬光而不耀：光亮却不刺眼。

【译文】

政治宽厚，百姓就敦厚；政治严厉，百姓就狡诈。

灾祸啊，是福禄所依靠的；福禄啊，是灾祸所潜伏的。谁知道祸福转化的准则呢？它没有确定不变。正又转变为邪，善又转变为恶，人们的迷惑，时日确实长久了。

所以，有道的人有立场却不孤立，有棱角却不伤害人，直率却不放肆，光亮却不刺眼。

【解读】

本章阐释不同政治的不同后果、祸福转化及『圣人』的人格形态。

宽厚的政治，可以让百姓淳朴；严厉的政治，自然让百姓狡诈应对。这与老子『无为而治』的思想相统一。

祸福相互转化，是辩证法思想的典型反映。它不会表现在表面，而是隐藏在里层，所以人们就迷惑不解。自古以来，它已经成为一个著名的哲学问题。

作为一个『圣人』，不仅要做到积极治理天下，即『方』『廉』『直』『光』，还要做到含蓄收敛，即『不割』『不刿』『不肆』『不耀』。这与追求内敛、内心清净是一致的。

第五十九章

治人事天①，莫若啬②。夫唯啬，是谓早服③。早服谓之重④积德，重积德则无不克，无不克则莫知其极⑤，莫知其极可以有国⑥。有国之母⑦可以长久。是谓深根固柢⑧，长生久视⑨之道。

【注释】

①治人事天：治理百姓、修养身心。事天，修养身心，天，身心，一说自然。

②啬：爱惜，指爱惜精神。一说同『穑』，指庄稼。

③早服：早作准备。服，同『备』，准备。一作『早备』。

④重：多，指不断地。

⑤极：究竟，指力量。

⑥有国：治理国家。

⑦有国之母：掌握治理国家的道理。

⑧深根固柢：使根基坚固。柢，树根。

⑨长生久视：指长寿。久视，长久地注视，一说长久地存在，均指长寿。

【译文】

治理百姓、修养身心，没有超过爱惜精神的。爱惜精神，就是早作准备。早作准备，就是不断地积德；不断地积德，就没有什么不能攻克；没有什么不能攻克，就无法了解他的力量；无法了解他的力量，就可以治理国家；掌握治理国家的道理，国家就可以长久地维持。这就是深根固柢、长久存在的道理。

【解读】

本章阐释养身与治国，并将二者联系起来。养身，要做到『啬』，即积蓄能量、培育根基。这样就能使生命力长久。有了『啬』，则使力量深不可测、无穷无尽，这样就可以治理国家。所以，长生既是指个人生命，也是指国家命运。从这个角度出发，就可以认为，『啬』也是治国之道。

道德经

第六十章

治大国，若烹小鲜①。

以道莅②天下，其鬼不神③。非④其鬼不神，其神⑤不伤人；非其神不伤人，圣人亦不伤人。夫两⑥不相伤，故德交归焉⑦。

【注释】

①小鲜：小鱼。

②莅：临，治理。一作『立』。

③其鬼不神：鬼怪不起作用。神，同『伸』，指起作用。

④非：不但。

⑤神：神仙。

⑥两：指鬼神和圣人。

⑦德交归焉：德都返回到天下，指德在天下广泛施行。交，俱。一说德归回于民。

【译文】

治理大国，如同煎烹小鱼。

用道治理天下，鬼怪起不了作用。不但鬼怪不起作用，神仙也不伤害人；不但神仙不伤害人，有道的人也不会伤害人。鬼神和有道的人都不伤害人，所以德在天下被广泛施行。

【解读】

本章阐释治国的方法。

『治大国，若烹小鲜。』这句话流传两千多年，曾在历史上产生广泛的影响。它提示统治者不要扰民，否则就会亡国。如果做到清净无为，用道治理国家，连鬼神都不会伤害人，人们自然会相安无事。

第六十一章

大邦①者下流②。天下之牝，天下之交也③。牝常以静胜牡，以静为下④。故大邦以下小邦，则取⑤小邦；小邦以下大邦，则取大邦。故或下以取，或下而取⑥。大邦不过欲兼畜人⑦，小邦不过欲入事人⑧。夫两者各得其所欲，大者宜为下。

【注释】

①邦：本章『邦』字，均一作『国』。

②下流：下游。

③天下之牝，天下之交也：天下雌性所处的位置，是天下交汇的地方。交，交汇。一作『天下之交，天下之牝』。

④以静为下：因为清净而谦逊。下，谦下，指屈己待人。

⑤取：聚。一作『聚』。

⑥或下以取，或下而取：即『或大邦下以取小邦，或小邦下而取大邦』。

⑦兼畜人：把人聚集在一起加以养护，此处指把小国聚集在一起加以养护。兼，聚集。

⑧入事人：侍奉人，指侍奉大国。

【译文】

大国要像处于江河下游那样。天下雌性所处的位置，是天下交汇的地方。雌性永远以清净胜过雄性，因为其清净而谦逊。

因此，大国对小国谦逊，就可以汇聚小国；小国对大国谦逊，就可以汇聚大国。因此，或者大国对小国谦逊而汇聚小国，或者小国对大国谦虚而汇聚大国。大国不过想把小国聚集在一起加以养护，小国不过想侍奉大国。这样大国、小国分别得到它们想得到的，大国尤其应该谦逊。

【解读】

本章阐释大国与小国相处之道。

大国强势，可以随时攻击小国。所以老子提出，大国应该谦虚，像江河的下游是江河汇聚之处一样，只要保持清净，就可以聚拢小国，而无需通过战争争霸。

老子认为，大国聚集小国、小国侍奉大国，是想保持大国、小国之间关系固定不变，是不符合历史发展规律的。

第六十二章

道者万物之奥[1]。善人之宝，不善人之所保[2]。

美言可以市[3]，尊行可以加人[4]。人之不善，何弃之有！故立天子，置三公[5]，虽有拱璧以先驷马[6]，不如坐进此道[7]。

古之所以贵此道者何？不曰求以得，有罪以免邪？故为天下贵。

【注释】

①奥：藏，指庇荫。一说深。一作『注』。

②保：保持。

③美言可以市：美好的言辞可以用于人际交往。市，交易，指人际交往；一作『市尊』。

④尊行可以加人：高尚的行为可以受人尊敬。尊行，一作『美行』。加，超过。

⑤三公：太师、太傅、太保。

⑥拱璧以先驷马：奉献玉璧在先、四匹马驾的车在后的献礼仪式。拱璧，双手捧着玉璧。驷马，四匹马驾的车。古代献礼物，轻物在先，重物在后。

⑦坐进此道：献上这个道。

【译文】

道是万物的庇荫。它是善良之人的宝贝，是不善之人也要保持的东西。

美好的言辞可以用于人际交往，高尚的行为可以受人尊敬。不善的人，怎能舍弃它呢！因此，拥立天子，设置三公，虽然有奉献玉璧在先、四匹马驾的车在后的献礼仪式，但还不如献上这个道。

古时候重视这个道是为什么？不是说求取就可以得到，有罪过就可以免除吗？因此，这个道才被天下人重视。

【解读】

本章阐释道的作用和重要性。

不论是善良的人，还是不善良的人，都离不开道，因为可以『市』，可以『加人』。天子、三公，拥有复杂的礼仪，不如拥有清净的道。

第六十三章

为无为，事无事，味无味①。

大小多少②，报怨以德③。图难于其易，为大④于其细。天下难事必作于易，天下大事必作于细。是以圣人终不为大，故能成其大⑤。

夫轻诺必寡信，多易必多难，是以圣人犹难之。故终无难矣。

【注释】

①为无为，事无事，味无味：以无为的态度去作为，用不扰民的方法去行事，把没有味道当作味道。

②大小多少：大生于小，多起于少。一说把大的看作小，把多的看作少。一说把小的当作大，把少的当作多。一说能大的必能小，能多的必能少。

③报怨以德：此句似为衍文，通常认为应移至第七十九章。

④为大：自以为大。

⑤大：指大事。

【译文】

以无为的态度去作为，用不扰民的方法去行事，把没有味道当作味道。

大生于小，多起于少，用德报答怨恨。谋取难的从容易的入手，实现大的从细微的入手。天下的难事，一定从容易的开始；天下的大事，一定从细微的开始。所以有道的人始终不自以为大，才能做成大事。

轻易地承诺，必定缺少信用；太容易的，必定遭遇很多困难。所以有道的人总是把事情看得难，因此终究没有困难。

【解读】

本章阐释『为无为』及大小、难易的关系。『为无为』是顺其自然，不要妄为。这是老子一直强调的。

对于大小、难易，老子的看法是：从小的入手，自然能成就大事；从易的着眼，自然能克服困难。所以，应该不自以为大，应该视困难为常态，这样才能达到目的。

道德经

第六十四章

其安易持，其未兆易谋。其脆易泮①，其微②易散。为之于未有，治之于未乱。

合抱之木③，生于毫末④；九层之台，起于累土⑤；千里之行，始于足下。

为者败之，执者失之⑥。是以圣人无为，故无败；无执，故无失。

民之从事，常于几成而败之。慎终如始，则无败事。

是以圣人欲不欲⑦，不贵难得之货。学不学⑧，复⑨众人之所过，以辅万物之自然而不敢为。

【注释】

①泮：碎裂。一作『判』。

②微：一作『几』。

③合抱之木：指大树。合抱，双臂围拢。

④毫末：毫毛的末端，指细小的芽。

⑤累土：一堆土。一说低地。

⑥为者败之，执者失之：此句见于第二十九章。有版本从此句以下另立一章。

⑦欲不欲：求他人所不欲求的。

⑧学不学：一作『教不教』。

⑨复：还原，指弥补。

【译文】

安稳的容易保持，没有兆头的容易谋划。脆弱的容易碎裂，细微的容易散失。在没有的时候作为，在没有混乱的时候治理。

合抱的大树，从细小的芽开始生长；九层的高台，从一堆土开始建筑；千里的远行，从脚下开始行走。

强力统治的会失败，强力控制的会失去。所以有道的人无为，因此没有失败；没有强力控制，因此没有失去。

百姓做事情，经常在即将成功的时候失败。像开始一样谨慎直到结束，就没有失败的事情了。

所以有道的人求他人所不欲求的，不把难得的物品当作珍贵的。学他人所不学的，弥补众人所犯的错误，用来辅助万物自然发展而不敢强力统治。

【解读】

本章阐释防患于未然、『大生于小』以及无为的观点。

『为之于未有，治之于未乱』，说明老子重视祸患的根源。这与『大生于小』的逻辑相同。

老子以『合抱之木』『九层之台』『千里之行』从『毫末』『累土』『足下』开始，具体形象地说明大的东西从细小的东西发展而来的道理。

第六十五章

古之善为道[1]者，非以明民[2]，将以愚[3]之。民之难治，以其智[4]多。故以智治国，国之贼[5]；不以智治国，国之福。

知此两者[6]，亦稽式[7]。常知稽式，是谓玄德。玄德深矣，远矣，与物反[8]矣，然后乃至大顺[9]。

【注释】

①为道：行道，实践道。

②明民：使百姓巧诈。明，知巧诈。

③愚：指没有巧诈，即淳朴。

④智：指巧诈。

⑤贼：伤害。

⑥两者：指上文『以智治国，国之贼；不以智治国，国之福』。

⑦稽式：准则。一作『楷式』。

⑧反：同『返』，指回到真朴。

⑨大顺：极大的和顺，指自然。

【译文】

古代善于实践道的人，不是用它让百姓巧诈，而是用它让百姓淳朴。

百姓之所以难于治理，是因为他们多巧诈。因此，用巧诈治理国家，是对国家的伤害，不用巧诈治理国家，是国家的幸福。

知道这两种治国方式，是准则。永远知道这个准则，就是玄德。玄德深啊，远啊，与事物回到真朴，然后才达到极大的和顺。

【解读】

本章阐释为政的方法。

因为民多巧诈，所以要实践道，使百姓回到淳朴。不能用巧诈对付巧诈，那样只会带来更多的伤害。

有人认为，『非以明民，将以愚之』是愚民的主张。这实际是一种误解。『愚』并非让百姓愚昧，而是让百姓淳朴。

第六十六章

江海所以能为百谷王①者，以其善下之，故能为百谷王。

是以圣人②欲上民③，必以言下之；欲先民④，必以身后之⑤。是以圣人处上而民不重⑥，处前而民不害。是以天下乐推⑦而不厌。以其不争，故天下莫能与之争⑧。

【注释】

①百谷王：指河流交汇之处。王，统领。

②圣人：有版本无此二字。

③上民：在百姓之上，指统领百姓。

④先民：在百姓之先，指成为百姓表率。

⑤以身后之：指把自己的利益放在百姓利益的后面。

⑥重：指负累。

⑦推：拥戴。

⑧以其不争，故天下莫能与之争：第八章、第二十二章有类似表述。

【译文】

江海所以能成为河流交汇之处，是因为它善于处在低下的地方，因此能成为河流交汇之处。

所以有道的人要统领百姓，必定用言辞表示谦下；要成为百姓表率，必定把自己的利益放在百姓利益的后面。所以有道的人居于百姓的上位，百姓不会负累；居于百姓的前位，百姓不会受害。所以天下人都乐意拥戴他而不会嫌弃。因为他不与百姓争斗，所以天下没有人能和他争斗。

【解读】

本章阐释统治者『不争』的观点。第八章、第二十二章对『不争』已有所阐述。

统治者作为在百姓之上的人，大权在握，如果为自己争夺名利，百姓就会深受其害，所以应该『下』『后』『不争』。

第六十七章

天下皆谓我：道大，似不肖①。夫唯大，故似不肖。若肖，久矣其细也夫！②

我有三宝，持而保之：一曰慈，二曰俭，三曰不敢为天下先。慈，故能勇③；俭，故能广；不敢为天下先，故能成器长④。

今舍慈且⑤勇，舍俭且广，舍后且先，死矣！

夫慈，以战则胜⑥，以守则固。天将救之，以慈卫之。

【注释】

①似不肖：好像不像，指好像不像任何具体的事物。

②此段意思与下文不一致，有学者认为或为错间。一作『天下皆谓我大，大而不肖。夫唯不肖，故能大。若肖，久矣其细也夫。』『天下皆谓我：道大，似不肖』，此句句读一作『天下皆谓我道大，似不肖』，『我道』作『我是道』解。

③勇：勇武。指勇于谦退，非勇于争夺。

④器长：事物的统领。长，居高位者。

⑤且：取。

⑥以战则胜：一作『以陈则正』。

【译文】

天下人都对我说：道广大，好像不像任何具体的事物。正因为广大，因此才不像任何具体的事物。如果像，那么道很早就渺小了！

我有三个宝贝，持有而且珍惜它们：第一个叫慈爱，第二个叫节俭，第三个叫不敢处在天下人的前面。慈爱，所以能勇武；节俭，所以能广大；不敢处于天下人的前面，所以能成为事物的统领。

现在舍弃慈爱而追求勇武，舍弃节俭而追求广大，舍弃后面而追求前面，就会灭亡！

慈爱，用来战争就会胜利，用来守卫就能巩固。天要援助谁，就用慈爱保护他。

【解读】

本章阐释道的『三宝』：慈、俭、不敢为天下先。

慈，即慈爱。俭，乃有而俭，非无而俭，即含蓄而不妄为、不奢靡。不敢为天下先，是不争，是谦让。在这『三宝』中，『慈』是最重要的。

线装国学馆

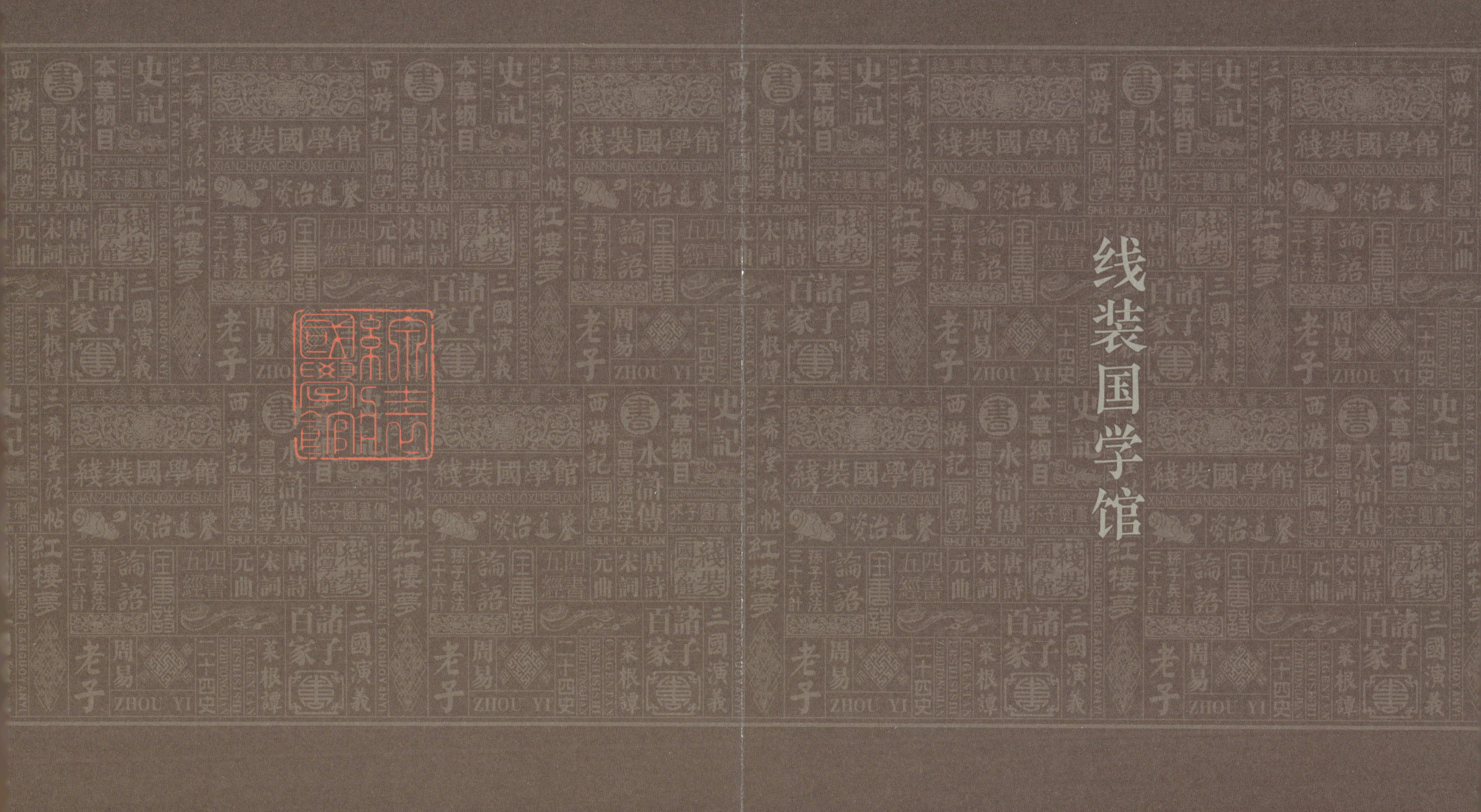